BIRGIT ORTMÜLLER

SOMMER, SONNE, STRAND
und mehr

Zeit für mich, für Gedanken und Kreativität

BRUNNEN
Verlag GmbH · Giessen

SOMMERTAGE AM MEER

Jedes Jahr freue ich mich auf meine Urlaubstage, meine „Auszeit" am Wasser.

Ich liebe diese Sommertage am Strand, genieße die Sonne, den Wind und das tosende Meer, beobachte das geschäftige Treiben der Muschelsammler, die fröhliche Schar der Badenden und bestaune die Sandburgen am Ende eines solchen Strandtages.

Es ist immer wieder aufs Neue eine besondere Atmosphäre. Ein Sommertag am Strand verwirklicht „die Leichtigkeit des Seins". Der Wind berührt die Haut und streichelt liebevoll die Seele.

Meine Gedanken gehen auf Reisen; nicht selten klopft Gott leise an und schenkt mir den Blick für all das Wunderbare, was ich erleben darf. Ich werde nachdenklich und so langsam formulieren sich die Eindrücke zu ganzen Sätzen und ein Text entsteht.

Ich fühle mich unbeschwert und frei, der Tag gehört mir.

Ich schenke der Meerzeit meine Zeit.

TAG 1

Dankbare Auszeit

Mein erster Tag am Strand. Ich mache mich auf die Suche nach einem schönen Plätzchen, spüre den feinen Sand unter meinen Füßen und freue mich auf den Tag. Der Wind weht mir entgegen und ich strecke mein Gesicht nach oben, meine Haare fliegen wild durcheinander, herrlich!

Ich bin schon früh unterwegs und schaue über den noch menschenleeren Strand. Wo kann ich mir einen geeigneten Liegeplatz für meine Auszeiten einrichten?

Mein Blick wandert von rechts nach links und ich entscheide mich für einen noch unberührten Platz in der Nähe der Dünen. Von hier habe ich den Strand, aber auch das Wasser bestens im Blick.

Das laute Brausen des Meeres wirkt beruhigend und ich entscheide mich bewusst, den Alltag hinter mir zu lassen. Zu atmen. Die Schönheit der Schöpfung in mich aufzunehmen und ihr Raum zu geben. Hier am Strand wirkt das Leben leicht, die Stunden vergehen wie im Flug und ein wundervoller Sonnenuntergang am Horizont – ein farbenfrohes Lichtspiel am Abendhimmel – beendet einen herrlichen Tag am Meer.

mein Lieblingsstrandfoto

WELCHEN ANSPRUCH HABE ICH AN MEINE PERSÖNLICHE AUSZEIT?

WAS MÖCHTE ICH HINTER MIR LASSEN UND VERÄNDERN?

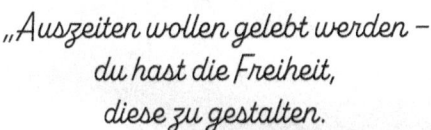

„Auszeiten wollen gelebt werden –
du hast die Freiheit,
diese zu gestalten.

Gebe ihnen Raum und erkenne
die Fülle der Möglichkeiten,
die sie dir bieten."

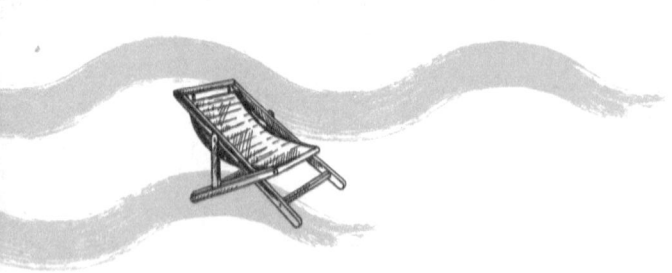

TAG 2

Bilderbuchtag

Ein Sommertag wie aus dem Bilderbuch, dankbar starte ich in den Tag. Der Himmel strahlt und nur wenige Schönwetterwolken durchbrechen die blaue Farbpalette am Horizont.

Das sonst so laute Meer schweigt, der seichte Wellenschlag ist kaum zu hören. Das Meer gleicht einer großen Badewanne. Es ist relativ still am Strand, selbst am Wasser ist es sehr heiß.

Sonnenhungrige kommen auf ihre Kosten und dösen, glänzend mit Sonnencreme eingeschmiert, vor sich hin. Einige Strandbesucher suchen ihre Abkühlung im Meer. Der lang herbeigesehnte Sommer ist da und dieser Tag lässt keine Wünsche offen für Auge, Körper und Geist.

Ein leichter Wind streichelt mir sanft über die Wangen. Wie lange habe ich diese Tage, diese Auszeit, herbeigesehnt! Am liebsten möchte ich die Stunden anhalten, diese Eindrücke einprägen und im Herzen tragen. Hier kann ich vollkommen abschalten, die Seele baumeln lassen und meine Gedanken auf Reisen schicken.

Der Alltag mit seiner Routine und den täglichen Anforderungen rückt in weite Ferne. So wie die Weite des Wassers, der unendliche Horizont, versinken alle Belastungen in der Tiefe des Meeres. Die Oberfläche des Wassers glitzert im Sonnenlicht wie ein Meer voller Diamanten. Ich bin glücklich und dankbar für diese Stunden, die mich vergessen und abschalten lassen. Mein Sonnenschirm schenkt mir Schatten und ich beobachte still die Strandidylle dieses heißen Tages. Der Ausblick überwältigt mich, ich kann mich kaum sattsehen.

Danke, Herr, für diesen wunderschönen Sommertag. Die Bilder und Eindrücke sind unvergessen und werden mich durch das Jahr begleiten – bis in den Herbst und Winter hinein. Du hast alles wohlgeordnet.

Frühling und Erwachen, Sommer und Sonne, Herbst und Stürme, Winter und Kälte wechseln sich ab und bestimmen den Jahreslauf. Auch wenn die Zeiten sich ändern, du bist und bleibst derselbe, Herr, der die Schöpfung einzigartig erschaffen hat. Du hältst alle Zeiten in deiner gütigen Hand.

Danke!

FÜHLST DU AUCH DIESE DANKBARKEIT? FORMULIERE DEINE DANKBARKEIT UND DU WIRST STAUNEN, WAS ES MIT DIR MACHT. EIN DANKBARES HERZ IST AUFMERKSAM UND ERFÜLLT VON LIEBE UND DEMUT.

„Gott, der dir die Zeit gibt,
will dich beschenken, erneuern.
Er lässt dich Kraft schöpfen,
wenn du sein Geschenk sinnvoll nutzt."

TAG 3

Wellenleben

Nach einer recht stürmischen Nacht ist auch der folgende Tag am Meer mit Orkanböen bis zu Windstärke 9 äußerst turbulent. Heute habe ich einen Strandkorb gemietet – ein geschütztes Plätzchen am Strand – mit Blick auf das Meer. Selbst wenn der Wind laut aufbraust, ist es hier gemütlich. Ich fühle mich schon recht heimisch an „meinem" Strand, er ist mir vertraut und angenehm.

Da ich das „Zwiebelprinzip" für die heutige Garderobe gewählt habe, sitze ich gut eingepackt mit Decke und Schal recht entspannt an meinem Strandplatz. Die Sonne blinzelt immer wieder durch das dichte Wolkenfeld.

Das Meer ist aufgewühlt, tobt wild und laut und die Wellen kommen mit tosendem Lärm daher. Ein gigantischer Ausblick – die Naturgewalten zeigen sich mit all ihrer Kraft und Stärke, als wollten sie ihre Macht demonstrieren. Die Schwimmer halten sich heute sehr zurück, das Meer weist alle deutlich in die Schranken, beweist seine Überlegenheit. Aufgebracht und kraftvoll kommen die mittlerweile meterhohen Wellen an den Strand. Das Ufer ist weiß von schäumender Gischt. Selbst in Wind und Wellen erprobte Möwen zeigen heute Zurückhaltung und Demut. Mein Blick schweift weit in die Ferne und ich beobachte, wie sich eine Welle allmählich aufbaut. Unwillkürlich denke ich:

So viel Aufwand für ein so kurzes Wellenleben.

Für den einen kleinen Moment bauen sich die Wassermassen mit aller Gewalt und Macht zu einer riesigen Rolle auf – ein tolles Naturschauspiel! Doch am Ende bleibt selbst von der mächtigsten Welle nur ein Schaumteppich über dem Sand zurück.

„Viel Wind um nichts!", kommt mir spontan in den Sinn. Aber erlebe ich solche Situationen nicht häufig auch in meinem Alltag? Aus scheinbar nichtigen Gründen werden mächtige „Wellen" losgetreten, manchmal bin ich nicht ganz unbeteiligt an der Entwicklung. Ein unausgesprochenes Wort, eine nicht vollzogene Versöhnung, ein verhärtetes Herz ... die Liste ist lang.

Solche Unstimmigkeiten beginnen häufig ganz klein, mitunter im Verborgenen, und beginnen sich im Laufe der Zeit, des Lebens zu riesigen Problemen aufzutürmen. Gott schenke mir einen wachsamen Geist, ein tosendes Aufrütteln, damit sich solche Begebenheiten nicht zu einer Last entwickeln, sondern sich schon zu Beginn in harmlose Gischt verwandeln.

Aber sollte sich doch mal eine Welle aufbauen, darf ich zuversichtlich sein: Auch die mächtigste Welle bricht sich irgendwann am Uferrand. Entlädt sich überschäumend – und nach kurzer Zeit ist nichts mehr zu sehen. Die Welle erinnert mich an meine Sünde, der die Liebe Gottes entgegentritt. Wenn ich seine Vergebung annehme, werden aus Fehlern Schaumflocken. Sie verschwinden, lösen sich auf in nichts.

mein bestes Meerfoto

WIE VIEL WIND UM NICHTIGKEITEN BESTIMMT MEINEN ALLTAG?

WELCHE NICHTIGKEITEN MÖCHTE ICH AUS MEINEM LEBEN VERTREIBEN?

„Das Leben gleicht einem Wellengang,
es ist mal laut, mal leise,
aber stets in Bewegung.
Nimm das Leben dankbar
aus der Hand deines Schöpfers,
er trägt durch alle Wellengänge,
für ihn ist nichts zu stürmisch."

TAG 4

Fußspuren

Ich lehne mich zurück und schließe die Augen. Der Wind streichelt zart meine Haut, als wolle er mich freundlich an diesem Tag begrüßen. Die Sonne wärmt mich und das tosende Meer heißt mich willkommen. Vertraute Geräusche wiegen mich in einen kurzen, aber tiefen und erholsamen Schlaf. Ich tauche ab in eine andere Welt, die alles um mich herum vergessen lässt. Es tut so gut, einfach mal loszulassen, sich auf die Schönheit der Natur einzulassen und die Augen zu schließen.

Das Meer weckt mich einige Zeit später mit seinen gewaltigen Wellenschlägen aus meinen Träumen, ich fühle mich tiefenentspannt und gehe zum Strand. Es ist Ebbe und eine Wohltat für die Füße, durch den noch feuchten Sand zu laufen. Ich sehe viele Spuren um mich herum, die ebenfalls den Weg gegangen sind. Große, kleine Füße, neben- oder auch voreinander, manche Abdrücke kommen mir entgegen.

Hier ist was los!

Ich versuche, die Schritte meines Vorgängers nachzugehen. Diese Person war zügig unterwegs. Ein paar Gehversuche kann ich mithalten, aber spätestens nach vier Schrittfolgen ist mir dieser Gang zu anstrengend.

Ich entdecke kleine Fußabdrücke, kurze Schritte.

Ich gehe eine Weile mit, aber ich habe das Gefühl, dass ich einfach nicht richtig vorwärtskomme. Dann stoße ich auf Fußspuren, welche genau den meinen gleichen, zumindest fühlt es sich so an. Gleiche Größe, gleiche Schrittlänge, mein Fuß findet sich wieder in der Spur meines Vorgängers. Ist das überhaupt möglich oder nur Zufall?

Ich folge diesen Abdrücken und fühle mich wohl. Nun bin ich gut unterwegs.

Mir kommt folgendes Bibelwort in den Sinn:

„Ich will dich lehren und dir den Weg zeigen, den du gehen sollst; ich berate dich, nie verliere ich dich aus den Augen." (Psalm 32,8)

Jesus ist den Weg bereits vor mir gegangen, seine Fußabdrücke bestimmen meinen Lebensweg. Er hat im Vorfeld genau bedacht, welche Schrittlänge zu mir und meinem Tempo passt, alles hat er maßgerecht auf mich abgestimmt. Seine Liebe und Güte begleiten meinen Weg. Er weiß bestens, welcher „Fußmarsch" zu mir passt. Er kennt den Weg, den meine Füße gehen können, und er ist vorangegangen, sodass ich sicher auf meinem Lebensweg laufen kann.

Sicherlich lässt er mir die Freiheit, auch mal in anderen Abdrücken zu laufen, auch mal nach links oder rechts abzubiegen. Doch ich merke schnell, ob ich mit diesen Spuren mithalten kann oder auf der Stelle trete. Seine Fürsorge und Liebe für mein Leben lenken meinen Blick zurück auf seine Lebensführung – und siehe da, mein Fußabdruck passt!

WELCHEN FUSSPUREN FOLGE ICH? LAUFE ICH IN MEINEN SPUREN ODER VERSUCHE ICH, MICH IN ANDERE HINEINZUPRESSEN?

„Glaub an Gott und seinen Weg mit dir,
er ist ihn bereits für dich gegangen.
Er hat nicht alle Steine weggeräumt,
aber er gibt acht auf dich,
dass du deine Füße nicht verletzt."

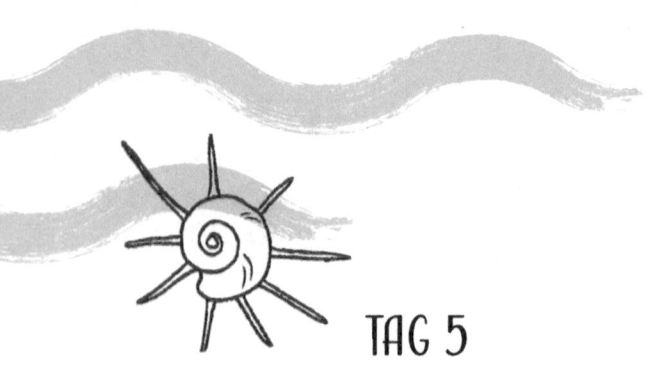

TAG 5

Gottes Liebe ist wie die Sonne

An diesem Nachmittag ist es sonnig und sehr windig, und das Meer ist unruhig und aufgewühlt. Der Klang der aufbrausenden Wellen wirkt auf mich jedoch beruhigend. So langsam habe ich den Alltag abgelegt und bin im Urlaub angekommen. Die Sonne lacht mir entgegen, sie meint es gut und hat meiner Haut schon einen leichten sommerlichen Teint geschenkt.

Schnell trage ich noch meine Sonnencreme auf, um mich vor einem Sonnenbrand zu schützen. Dann beobachte ich entspannt den Horizont.

Die Sonne bringt Licht und Freude in unseren Alltag. Schon am Morgen eines beginnenden Sonnentages verspüren wir Energie, die uns beschwingt durch die Stunden trägt. Eine Kraftquelle – wie ein Morgengebet für einen guten und behüteten Tag.

Doch nicht an allen Tagen scheint die Sonne, keiner gleicht dem anderen.

Am Strandhimmel kommen nun Wolken auf, die sich immer wieder vor die Sonne schieben. Zunächst stört es mich wenig, denn eine kurze Abkühlung ist angenehm. Doch die Wolkenberge werden größer und die Abstände zwischen Sonne und Schattenfeldern kürzer.

Ich ziehe meine leichte Sommerjacke über und lehne mich im Sand zurück. Auch wenn mich die Wolken stören und meine Aussicht trüben, zeigen sie mir, welche Kraft die Sonne hat. Egal wie dick und schwer sie sich aufbauen, sie können die Sonnenstrahlen nur für kurze Zeit verdecken und ihre Kraft beeinträchtigen. Die Sonne bleibt im Hintergrund, auch wenn ich sie nicht mehr wahrnehme. Selbst wenn sie mich nicht mehr so wärmt wie zuvor, ist sie stets da.

Ich muss an ein Kirchenlied denken, in dem Gottes Liebe mit der Sonne verglichen wird. Wie der Himmelskörper ist auch Gottes Liebe immer da, selbst wenn mein Blick durch Sorgen getrübt ist. Ich schaue hoch zum Himmel und betrachte die Wolkenberge. Ich weiß: Ganz gleich, wie schwer meine persönlichen Wolkenfelder auch wiegen, seine Liebe bleibt und trägt auch durch die dunklen Lebensstunden! Immer wieder fallen zarte Lichtstrahlen auf mein betrübtes Herz und bringen ein klein wenig Licht in verfahrene Situationen.

Gott ist da! Auch wenn ich es nicht immer fühle oder spüre, darf ich mir seiner Gegenwart sicher sein. Ich merke, wie mir diese Gewissheit Zuversicht schenkt und die Wolken an meinem Lebenshorizont vertreibt. Ein tiefer Friede erfüllt mein Herz.

Meine Gebete – heute hier am Strand und auch zu anderen Zeiten – gleichen einem Sturm, der die Wolkendecke hebt und langsam, aber sicher vertreibt. Wie der Wind, der sich nun durchsetzt und auch die letzten Schatten am Himmel hinwegpustet.

Die Sonne scheint wieder und erhellt den Tag. Glücklich und zufrieden genieße ich die wärmenden Strahlen, die Jacke packe ich wieder weg. Ich brauche sie nicht mehr, der Himmel ist wolkenlos. Und mein Herz ebenfalls.

Herr, ich danke dir, dass deine Liebe
meine Schatten, meine Sorgen kennt
und sie wegnimmt, damit es wieder hell
in meinem Leben wird.
Du nimmst meine Last hinweg,
gleich wie die Sonne die Wolken vertreibt.
Du bist immer an meiner Seite –
auch wenn ich dich nicht
immer spüre, bist du da. Danke.

GIBT ES SONST NOCH ETWAS, WAS DU GOTT SAGEN MÖCHTEST?

HIER KANNST DU DEIN GEBET NIEDERSCHREIBEN.
WENN DU DIESE ZEILEN ZU EINEM SPÄTEREN ZEITPUNKT NOCH MAL LIEST, WIRST DU SEHEN, WIE GOTT MIT DIR GEHANDELT HAT.

BEGINNE AM BESTEN MIT EINEM DANK AN GOTT – ZÄHLE Z. B. DIE DINGE AUF, WODURCH DU SEINE LIEBE SPÜRST, UND DANKE IHM DAFÜR.

....

....

....

....

....

....

....

....

....

....

....

ERZÄHLE GOTT NUN, WAS DICH BESCHÄFTIGT, WAS DU DIR WÜNSCHST, UND BITTE IHN UM HILFE –
DU DARFST DABEI GANZ KONKRET WERDEN.

SOMMERGEDANKEN

Schon im Winter habe ich dich herbeigesehnt.
Deine Wärme, deine Leichtigkeit
habe ich vermisst.
Ja, ich habe von dir geträumt
und dich mir in den schönsten Farben ausgemalt.
Nun bist du endlich da, lieber Sommer,
und ich nehme dich mit allen Sinnen auf!
Möchte dich umarmen,
greifen
und am liebsten ewig festhalten.
Die Sonne weckt mich bereits am Morgen,
ein herrlicher Tag beginnt.
Der Himmel ist tiefblau,
allein ein paar Schönwetterwolken
zeichnen Bilder an den Horizont.
Die Luft ist mild und streichelt mich behutsam.
Solche Tage prägen sich tief ins Bewusstsein,
nicht selten führen sie in längst vergangene Zeiten.
Die Unbeschwertheit eines Kindersommers,
ein Gefühl von grenzenloser Freiheit.
Die Erinnerung daran zaubert mir
ein Lächeln ins Gesicht.
Sommer und Sonne – sind Teil meines Lebenslaufs.
Ich trage dich tief in meinem Herzen,
lieber Sommer.
Du erhellst und wärmst ein Leben lang.

Birgit Ortmüller

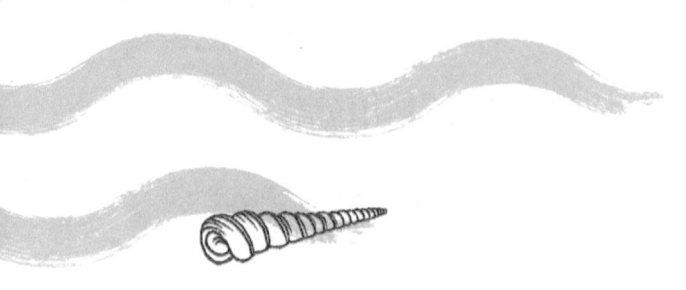

TAG 6

Lebenspakete

Ich bin entspannt, die Tage der Ruhe zeigen ihre Wirkung, und meine Gedanken gehen auf eine Reise. Sie führen mich an einen leeren Strand. Kein Mensch ist zu sehen und doch bin ich nicht allein – Gott ist an meiner Seite.

Der vor mir liegende feine Sandboden ist übersät mit Päckchen. Kleine, große, bunte, eintönige bis hin zu aufwendig verpackten Paketen – alles, was das Herz und das Auge begehrt. Ich kann mich kaum sattsehen an der Vielfalt!

Gott fordert mich auf, mein ganz persönliches Lebenspaket auszusuchen. Er lässt mich allein, damit ich ungestört eine Auswahl treffen kann. Sofort beginne ich mit der Suche, sie ist aufregend und spannend zugleich. Ich habe schnell ein wunderschönes, nicht allzu großes Päckchen entdeckt. Sicherlich ist es für mich bestimmt; das ging aber schnell.

Freudig bücke ich mich, doch schon beim Hochheben spüre ich die „süße" Last dieses kleinen Paketes. Ich kann es kaum stemmen.

Die Schönheit hat nur meine Augen angesprochen, tragen kann ich das Päckchen tatsächlich nicht. Ich suche weiter, es sind ja genügend Pakete da. Ich wage mich mutig auch an größere heran. Doch bei all meinen Versuchen komme ich immer wieder zu dem Schluss, dass das Päckchen – ganz gleich, wie sehr es mich auch anspricht – einfach nicht für mich bestimmt ist.

Ich werde immer frustrierter und frage mich verzweifelt: „Ist denn bei dieser Vielfalt nichts für mich dabei?"

Gott schaut schmunzelnd zu, doch er hält sich zurück. Ich habe freie Wahl.

Ich bin müde und erschöpft. „Herr", rufe ich, „suche du ein Paket aus!"

„Bleib dran", ist seine Antwort.

Lustlos gehe ich wieder durch die Reihen, ich habe schon so viele ausprobiert! Doch dann entdecke ich „mein Päckchen". Zunächst spricht es mich nicht an, ist so gar nicht das, was ich mir vorgestellt habe. Aber bereits beim Anheben spüre ich deutlich: Das ist meins! Es ist wie für mich gemacht, ich habe mein Lebenspaket gefunden und präsentiere es freudig meinem Gott.

Vorsichtig öffne ich mein Paket und entdecke Stationen meines bisherigen Lebenswegs. Dinge, die mir zu schwer erschienen, konnte ich dennoch tragen. Viele schöne Lebensbegleiter durfte ich finden. Sie bringen mich zum Strahlen und ich empfinde tiefe Dankbarkeit.

Gott nickt mir gütig zu: „Das ist deins. Von mir persönlich, nur für dich ausgewählt und gepackt."

Freudig verlasse ich mit meinem Paket unter dem Arm den Strand. Ich entdecke die liebevolle Hand des „Päckchenpackers". Er hat an alles gedacht. Der Inhalt ist von meinem Schöpfer auf mich abgestimmt und zusammengestellt.

„Denn wie der Himmel die Erde überragt,
so sind auch meine Wege viel höher als eure Wege
und meine Gedanken als eure Gedanken."
Jesaja 55,9

WELCHE PAKETE TRAGE ICH MIT MIR? WELCHE SIND MIR ZU SCHWER?

....

....

....

....

....

....

HABE ICH MEIN PERSÖNLICHES LEBENSPAKET GEFUNDEN? HABE ICH GOTT NACH MEINEM PAKET GEFRAGT?

....

....

....

....

....

....

....

„Glaub an Gott und seine Führung.
Geh gelassen deine Lebensstraße,
er lässt dich nicht allein."

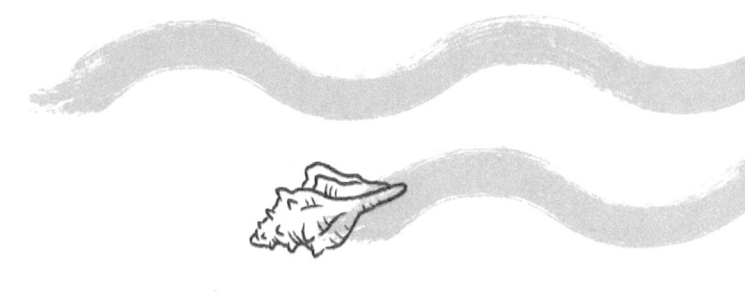

TAG 7

Lastenträger

Ich denke heute am Strand zurück an meine gestrige Gedankenreise: dass der große Päckchenpacker genau weiß, was ich brauche. Dann wandern meine Gedanken weiter. Mir fällt ein, dass ich mein perfektes Lebenspäckchen nicht immer als solches gesehen habe.

Ich sehe mich bildlich am Strand entlanglaufen, wie mein Lebenspäckchen nach einigen Schritten zu einem Sorgenpäckchen wird. Meine Schritte im Sand werden schwerer. Gleichzeitig denke ich aber: Sicher geht es nicht nur mir so!

Ja, wir kennen sie alle: die großen oder kleinen Lastenpakete, die wir so täglich mit uns herumschleppen. „Jeder hat sein Päckchen zu tragen!" – diese Redewendung hat es sogar in unseren deutschen Wortschatz geschafft. Manche Sorgenpäckchen wiegen nicht so schwer wie andere und vieles erledigt sich auch im Laufe der Zeit. Die Blickrichtung ändert sich oder wir versöhnen uns mit der Aufgabe, sind um eine Lebenserfahrung reicher, gehen gestärkt unseren Weg weiter.

Aber da sind auch jene Sorgenpakete, die sich nicht so einfach abschütteln lassen. Sie gehören zu unserem Lebenspäckchen dazu, erscheinen aber mitunter sinnlos und wiegen schwer im Alltag. Wir tragen sie wie eine zweite Haut, mit jedem Tag vereinnahmen sie unseren Körper und Geist mehr.

Verstohlen wandert der Blick zu den Mitmenschen, die scheinbar mühelos und sorgenfrei durch das Leben gehen. Ist das wirklich so? Trage nur ich meine Pakete festgeschnürt auf meinem Buckel, sodass sie mich langsam, aber sicher beugen und meinen sonst so leichten Gang sichtlich erschweren?

Ich erinnere mich an einen Spruch meiner Nachbarin: „Unter jedem Dach ein Ach!" Viele Sorgen der anderen bleiben mir verborgen, ich nehme sie nicht wahr oder will sie vielleicht auch gar nicht sehen. Zu sehr nimmt mich mein eigenes Leben gefangen. Manchmal fühle ich mich benachteiligt, empfinde mein persönliches Lebenspaket zu schwer.

Doch halt, habe ich nicht einen Lastenträger?

„Gepriesen sei der Herr für seine Hilfe!
Tag für Tag trägt er unsere Lasten."
Psalm 68,20

Ja, es gibt diese wunderbaren Tage, an denen wir Kraft schöpfen können. Aber wir kennen auch solche Tage, an denen nichts von dieser Leichtigkeit zu spüren ist. Sie erscheinen uns als Last und man sehnt den Abend regelrecht herbei. Diese Tage wirken bedrohend, wie eine hohe Welle, die sich kraftvoll auftürmt, und doch gehören sie zu unserem Leben wie die fröhlichen und unbeschwerten Stunden.

Während ich entspannt dem wilden Treiben des Meeres zusehe, kommt mir ein Lied von George Bennard aus meiner Kinderzeit in den Sinn. Dort heißt es: „Er nahm mir meine Last ab und rollte sie ins Meer." Und dann so hoffnungsvoll erleichternd: „Abschied nehmen ist in diesem Fall nicht schwer!"

Ein schönes Sinnbild: Die Schwierigkeiten schwimmen davon und können uns nicht mehr belasten. Ich möchte mehr von dem Angebot Gebrauch machen, meine Sorgen und Lasten des Lebens dem abzugeben, dem Wind und Wellen gehorchen. Bei ihm darf ich mich getrost von meinen Sorgen verabschieden. So groß die Lasten auch sind, so erdrückend sie scheinen – gleich wie die mächtige Welle am Ufer zerschellt, möchte mich Gott von den Sorgen befreien. Er rollt sie in das tosende tiefe Wasser, wirft sie auf den Grund des Meeres. Jeder Wellenschlag lädt erneut ein, alles Belastende abzuwerfen. Gottes Liebe trägt alles Unverständliche weit fort. Er will unsere Herzen froh und leicht machen, gleich einem Sonnentag am Strand.

*„Kommt alle her zu mir,
die ihr euch abmüht und unter eurer Last leidet!
Ich werde euch Ruhe geben.
Vertraut euch meiner Leitung an und lernt von mir,
denn ich gehe behutsam mit euch um
und sehe auf niemanden herab.
Wenn ihr das tut, dann findet ihr Ruhe
für euer Leben. Das Joch, das ich euch auflege,
ist leicht, und was ich von euch verlange,
ist nicht schwer zu erfüllen."
Matthäus 11,28-30*

WELCHE SORGENPAKETE MÖCHTE ICH HEUTE AN GOTT ABGEBEN?

....

....

....

....

....

....

....

Herr, ich danke dir,
dass du mein Lastenträger sein willst.
Du gibst auf mich acht
und mutest mir nie mehr zu,
als ich tragen kann.
Ich vertraue mich deiner Hilfe und Fürsorge an,
du lässt mich nicht allein. Amen.

TAG 8

Von Muscheln und Gottes Liebe

Bei Ebbe kann man die Schätze des Meeres entdecken, es spült sie an und gibt sie frei. Ich staune immer wieder über die Vielfalt dieser Bodenschätze. Die Muscheln haben es mir besonders angetan, ihre Farben und Unterschiedlichkeit – keine gleicht der anderen – beeindrucken mich. Und sie erinnern mich in ihrer Einzigartigkeit daran, dass auch wir Menschen so einmalig geschaffen sind. Jeder ist nach Gottes Willen entstanden und geliebt. Er hat das Wertvollste in jeden Menschen hineingelegt: seine Liebe.

Da ich von Natur aus „Jägerin und Sammlerin" bin, sammle ich immer gerne ein paar Muscheln am Strand und nehme sie mit. Zu Hause dienen sie als

Sommerdeko und erinnern mich an diese schönen Tage am Meer. So wie ich die Muscheln sammle, möchte ich auch viele Erinnerungen mitnehmen, die mich begleiten und mir immer wieder ein Lächeln ins Gesicht zeichnen.

Ich bade meine Füße im Wasser, die Erfrischung tut gut. Es dauert noch, bis die Flut kommt, und so gehe ich ein paar Schritte in Richtung Meer, aber immer in sicherer Nähe zum Strand, und genieße den Ausblick. Ich fühle mich den Elementen so nah und vertraut. Die Sicht ist ungetrübt und Meer und Horizont scheinen zu verschmelzen.

Die grenzenlose Weite beeindruckt mich und schenkt mir ein Gefühl der Unendlichkeit. Wohin ich auch schaue, erscheinen mir Wasser und Himmel so spürbar nah und doch wieder so weit entfernt. Beides kann ich nicht greifen. Beinahe wie Gottes Gnade und seine Treue, die ich auch nur immer wieder dankend annehmen kann. Ein Kinderlied kommt mir über die Lippen:

Gottes Liebe ist so wunderbar,
so wunderbar groß.
So hoch, was kann höher sein?
So tief, was kann tiefer sein?
So weit, was kann weiter sein?
So wunderbar groß.

Ich halte inne. Wenn ich das Meer und den Horizont zwar sehen, aber doch nicht greifen kann und mir die Tiefe des Meeres schon so unbegreiflich erscheint, wie hoch und tief muss dann erst die Liebe Gottes sein?

Diese Liebe, die alles erschaffen hat und trägt und von der ich ein Teil sein darf.

Danke, Gott, dass ich mir in der Höhe oder in der Tiefe, egal ob ich stehe und sitze, deiner Liebe und Gegenwart stets gewiss sein darf. Sie ist so viel höher als mein Verstand und meine Vernunft und so viel tiefer, dass ich ganz darin versinken darf. Amen.

HAST DU HEUTE SCHON MUSCHELN GESAMMELT?
WENN NICHT, LADE ICH DICH EIN, EINEN SPAZIERGANG AM
STRAND ZU MACHEN UND NACH DEN UNTERSCHIEDLICHSTEN
FORMEN UND FARBEN AUSSCHAU ZU HALTEN.

Auf den Seiten 103 und 109 findest du weitere Ideen, wie du deine gesammelten Muscheln gekonnt in Szene setzen kannst.

Ist es nicht toll, dass uns Gottes Schöpfung dazu dienen kann, es uns zu Hause schön zu machen?

„Wenn wir Menschen weniger versuchen würden,
alle Wunder dieser Welt zu erklären,
und sie mehr dem Schöpfer überließen,
dann würden wir vieles besser verstehen
und das Leben einfach leben."

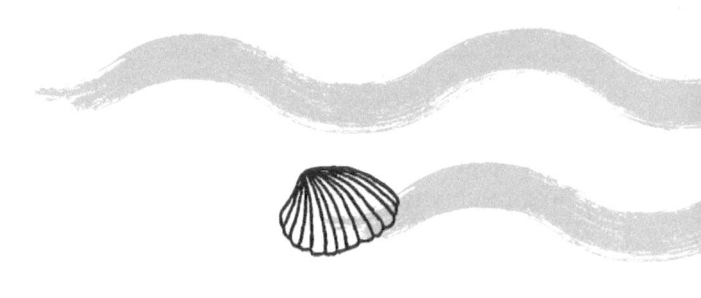

TAG 9

Lebensspuren

Heute gehe ich bei meiner Ankunft am Strand direkt ans Wasser. Barfuß laufe ich am Strand entlang. Bin ich letztens in den Fußabdrücken anderer gelaufen, hinterlasse ich heute selbst Spuren. Der feuchte Sandboden gibt nach und ich betrachte im Rückblick meinen Weg.

Manche meiner Abdrücke sind nur noch schwach erkennbar, die Wellen waren schneller und haben sie bereits überspült. An einigen Stellen bin ich mit festen Schritten meinen Weg gegangen. Deutlich kann ich meine Füße im Sand erkennen. Mein Gangbild erscheint gleichmäßig und die hereinbrechenden Wellen haben meiner Spur nichts anhaben können, zu tief ist der Abdruck.

Wenn ich rückwirkend auf meine bisherige Lebensspur schaue, dann gab es auch Wegstrecken, die ich leichtfüßig gelaufen bin. Es waren unbeschwerte Zeiten, die ich beflügelt wahrgenommen habe. Sie haben mich nicht belastet, ein Abdruck ist kaum erkennbar. Dann entdecke ich Pfade, die tiefe Lebensspuren aufweisen. Mein Schritt erscheint schwerfällig und langsam, die Füße haben sich tief im Sand vergraben.

Manchmal bin ich kaum vom Platz gekommen, habe mich nur wenig nach vorne orientiert, gefangen in meinem Sein und Tun. Ich habe mich auf einer Stelle hin und her bewegt, unsicher und unschlüssig weiterzugehen. Auch Umwege bin ich gegangen oder mancher Weg ist sprichwörtlich im Sand verlaufen.

Doch irgendwann habe ich dann wieder einen Fuß zielsicher vor den anderen gesetzt, eine bestimmte Richtung im Blick. Es gab auch Wege, die ich zurückgegangen bin, bei denen ich versucht habe, Vergangenes zu finden und zu beleben. Doch vergebens – eine Umorientierung war nötig!

Es erfordert Mut und Kraft, neue Wege einzuschlagen, aber es ist auch hilfreich, sich neue Ziele zu stecken und sich nach ihnen auszurichten. Wie sind meine bisherigen Wegstrecken verlaufen? War ich bequem und habe mich einfach angepasst? Entsprachen meine Schrittlängen meinen Möglichkeiten? Mache ich mir bewusst, dass Gott meinen Lebensweg bereits lange im Voraus geplant hat? Gott meint es gut, er kann nicht anders.

Ich stehe mit beiden Füßen fest im Leben. Die Lebenswogen schlagen wie leichte Wellen gegen meine Beine, doch ich bin standfest. Gott ist jeden meiner Schritte mit mir gegangen, oft hat er mir den Rücken gestärkt. Auch in schwierigen Zeiten war er da, selbst als ich auf der Stelle getreten oder im Kreis herumgelaufen bin, hat er mich nie verlassen.

Da ihm selbst Wind und Wellen gehorchen, hat er nicht zugelassen, dass unsere gemeinsamen Schritte weggespült werden. So wertvoll sind diese gemeinsamen Zeiten. Sie sind sichtbare Zeichen seiner Nähe.

mein Fußspurenfoto am Meeresstrand

Spuren im Sand

Eines Nachts hatte ich einen Traum:
Ich ging am Meer entlang mit meinem Herrn.
Vor dem dunklen Nachthimmel
erstrahlten, Streiflichtern gleich,
Bilder aus meinem Leben.
Und jedes Mal sah ich zwei Fußspuren im Sand,
meine eigene und die meines Herrn.

Als das letzte Bild an meinen Augen
vorübergezogen war, blickte ich zurück.
Ich erschrak, als ich entdeckte,
dass an vielen Stellen meines Lebensweges
nur eine Spur zu sehen war.
Und das waren gerade die schwersten
Zeiten meines Lebens.

Besorgt fragte ich den Herrn:
„Herr, als ich anfing, dir nachzufolgen,
da hast du mir versprochen,
auf allen Wegen bei mir zu sein.
Aber jetzt entdecke ich,
dass in den schwersten Zeiten meines Lebens
nur eine Spur im Sand zu sehen ist.
Warum hast du mich allein gelassen,
als ich dich am meisten brauchte?"

Da antwortete er: „Mein liebes Kind,
ich liebe dich und werde dich nie allein lassen,
erst recht nicht in Nöten und Schwierigkeiten.
Dort, wo du nur eine Spur gesehen hast,
da habe ich dich getragen."

Margaret Fishback Powers

EIN SOMMERTAG AM MEER ...

— *Kreuze an, wie du gerade empfindest* —

ist leicht und unbeschwert	lässt mich wieder Kind sein	wirbelt meine Haare und Sinne durcheinander
gibt Ruhe und Gelassenheit	schenkt einen erholsamen Schlaf	erfreut die Sinne mit einer unglaublichen Farbenvielfalt
lässt mein Herz höherschlagen, in jedem Wellenschlag pulsiert das Leben	ist Erholung pur	weckt und schafft Erinnerungen auf Lebenszeit
nimmt der Zeit ihren Takt	lässt Energie tanken	zeigt Gottes einzigartige Schöpfung

Falls du hier den ein oder anderen Punkt nicht ankreuzen konntest, gibt es auf den nächsten beiden Seiten einige Tipps, wie du dir die Aussagen zu eigen machen kannst.

Konzentriere dich auf die Schönheit deiner Umgebung, atme mehrere Male tief ein und aus und danke Gott bewusst dafür, dass du in diesem Moment nichts tun musst, dass du einfach sein darfst.

Gehe ans Meer und schließe deine Augen. Lass es zu, dass der Wind deine Haare kräftig zerzaust und deine Sinne berührt.

Schaue dich um und nehme die Farbenvielfalt, die sich dir bietet, mit all deinen Sinnen auf. Wenn du dich darauf konzentrierst, entdeckst du eine große Farbpalette. Damit kannst du wunderbare Gedankenbilder zeichnen.

Versuche für einen Moment, dein Alter zu ignorieren, baue eine kleine Sandburg mit Türmchen und Muscheln oder tolle jauchzend durchs Wasser und am Strand entlang.

Geh nah ans Wasser, sodass die Gischt deine Füße umspült. Schaue aufs Meer, höre und spüre die Kraft der Wellen. Sie sind laut und mächtig und dein Herzschlag nimmt ihre Stärke auf.

Lass Erinnerungen zu. Welche Erinnerungen weckt solch ein Sommertag am Strand in dir und welche Momente möchtest du als Erinnerungen behalten? Schreibe sie auf, denn sie möchten dich gerne begleiten.

Wenn du deinen Alltag bewusst hinter dir lässt und deine Gedanken sich einlassen auf das bunte Treiben am Meer, dann erlebst du pure Erholung.

Atme tief durch und lass die frische Meeresluft deine Lungen füllen. Werde ruhig in dir und achte auf deinen Pulsschlag. Langsam kommt er herab – mehr und mehr spürst du eine angenehme Leichtigkeit und Gelassenheit in dir.

Ein ausgiebiger Strandspaziergang belebt dich. Die vielen Eindrücke und die gute Luft schenken dir einen erholsamen Schlaf. Und vielleicht begegnen dir in der nächsten Nacht so manche Strandbilder im Traum.

Zeit hat ihren eigenen Takt, ihren täglichen Lauf. Jeder darf sie leben, auf seine eigene Weise. Sie sollte uns nicht bestimmen, aber wir dürfen sie auskosten und unser Leben damit füllen. Zeit sollte des Menschen guter Begleiter sein und nicht ihr Sklave. Auch wenn es hektische Tage gibt, läuft die Zeit nicht schneller oder langsamer. Beachtest du ihren Rhythmus, dann ist sie dein Freund.

Geh mit offenen Augen und einem dankbaren Herzen durch deine Tage und du wirst dir der einzigartigen Schöpfung Gottes wieder neu bewusst werden.

Nimm dir jeden Tag deine „Gott&Ich-Zeiten" und speichere diese in deinem Herzen ab. Sie schenken neue Kraft und füllen deinen Energiespeicher auf.

TAG 10

Der alte Mann und das Meer

Die Sonne steht hoch am Himmel, es wird wieder ein schöner Sommertag. Das Meer schenkt eine herrliche und wohltuende Abkühlung. Ich setze mich in den Sand am Ufer des Meeres und beobachte das Treiben im Wasser.

Nicht weit von mir höre ich frohes Jauchzen und Freudenrufe. Bei näherer Betrachtung erkenne ich einen Mann in fortgeschrittenem Alter mit seinen Enkeln im Wasser. Mutig haben sie sich in die Wellen gestürzt und genießen das kühle Nass. Sein Gesichtsausdruck wirkt beinahe jugendlich und er strahlt vor Glück – das ist Lebensfreude pur!

Das Meer schenkt ihm die Leichtigkeit seiner Kindheit zurück. Er fühlt sich sicher und möchte das

Wasser gar nicht mehr verlassen. Ausgelassen taucht er unter und wieder auf, schüttelt das erfrischende Nass aus seinem schütteren Haar. Ich glaube, er ist in eine andere Zeit abgetaucht und darf für einige Minuten wieder das Kind von einst sein. Ein herrliches Schauspiel!

Er genießt sichtlich jeden Augenblick seines Wasserbades und spürt den kleinen Jungen in sich lebendiger denn je, für diesen einen Moment. Seine Lebensfreude ist ansteckend und ich kann meinen Blick kaum abwenden. Ob er bemerkt, dass ich das muntere Treiben beobachte?

Ich denke nicht – zu sehr ist er in seinem Element. Hat sich und seinen Enkeln unvergessliche Momente im Meer beschert, es ist sein Sommer. Diese Erinnerung wird bleiben und wird ihn sicher auch in den Lebenstagen tragen, wenn es stürmisch und kalt werden wird. Wenn der Lebenssommer dem Herbst und Winter endgültig weichen muss. Doch selbst wenn die Sonne beim Untergang im Meer zu versinken scheint, lässt sie ihre Farben zurück.

Wie gut es ist, sich im Leben immer wieder diese besonderen Momente und wertvollen Augenblicke zu schaffen. Sie bleiben unvergessen und erblühen selbst im Lebenswinter immer wieder zu neuem Leben, erwärmen Herz und Seele.

WELCHE ERINNERUNGEN PRÄGEN MEIN LEBEN? WELCHE AN-
DENKEN AUS MEINER KINDHEIT SIND HEUTE NOCH PRÄSENT
UND ZAUBERN MIR EIN LÄCHELN INS GESICHT?

....

....

....

....

....

....

....

*„Intensiv gelebte Zeit
birgt einen Schatz an Erinnerungen
und Erfahrungen, der dich zeitlebens
begleiten möchte."*

TAG 11

Auseinandersetzung

Ein herrlich normaler Urlaubsstrandtag. Von meinem Strandplatz aus beobachte ich Wellen und Meer, Sonne und Wolken – wie bereits die Tage vorher. Und doch entdecke ich immer wieder Veränderungen. Wellen und Brandung ziehen mich in ihren Bann, dieses machtvolle Tosen bringt mich trotz der Geräuschkulisse zur Ruhe.

Heute bleibt mein Blick an einer Familie, unweit vor mir, hängen. Ich habe sie bereits die Tage zuvor öfter gesehen: Vater und Mutter, die Kinder im Teenageralter. Sie haben Spaß miteinander, ein Team, über die Jahre zusammengewachsen. Sie genießen sichtlich diese gemeinsame Auszeit am Strand. Ich freue mich an dem bis dahin harmonischen Familienbild.

Doch schlagartig ändert sich das jetzt! Unwillkürlich werde ich Zeuge einer Auseinandersetzung. Bei einem Strandspiel wurde der Vater von der Kugel, die die Tochter geworfen hatte, am Handgelenk getroffen. Ob es absichtlich oder dem Wind geschuldet war, kann ich nicht beurteilen. Die Fröhlichkeit ist augenblicklich dahin und nach dem Schweigen entwickelt sich ein Streitgespräch zwischen den Beteiligten. Jeder ist beleidigt und fühlt sich anscheinend missverstanden.

Die Mutter greift von außen ein und versucht zu beschwichtigen, doch die Streithähne bleiben unermüdlich im Schlagabtausch. Da ich ganz in der Nähe sitze und meinen ansonsten perfekten Strandplatz nicht aufgeben möchte, bin ich nun stiller Zuhörer, ob ich will oder nicht. Auch wenn es eigentlich eine harmlose Auseinandersetzung ist, wird mir deutlich, wie herrlich normal auch scheinbar „freie" Tage werden können.

Eine kleine Unachtsamkeit beim fröhlichen Spiel endet unfreiwillig in Zwietracht. Auch das gehört zum Alltag, lässt sich selbst durch Urlaub und schönes Wetter nicht vermeiden. Die Grenzen der Verletzlichkeit bleiben trotz Sonnenschein und Erholung antastbar.

Gott sei Dank kommt es bei meinen Strandnachbarn nach einer Weile dann doch zum klärenden Gespräch und die Wogen glätten sich so schnell, wie sie sich aufgetürmt haben. Irgendwann wird dieser kleine Zwischenfall Vergangenheit sein. Das Strandspiel geht fröhlich weiter, wenn auch behutsamer und achtsamer im Miteinander.

Mir wird bewusst: Bereits wenige Worte sind in der Lage, viel Unruhe und Missverständnis zu verursachen. Aber ebenso bedarf es nur weniger Worte, um wieder aufeinander zuzugehen und Frieden zu schaffen. Ob es wohl vergebende Worte gibt, die ich mal aussprechen sollte?

Bereits am nächsten Tag sehe ich die Familie wieder voller Freude beieinandersitzen. Sie lachen, baden und spielen ausgelassen – diesmal allerdings mit einem anderen Strandspiel. Einfach herrlich normal!

„Wer seine Zunge im Zaum hält,
bewahrt sein Leben."
Sprüche 13,3

ACHTE ICH AUF MEINE WORTE?

„Erst die unangenehmen Zeiten
zeigen unsere Schwächen auf,
aber nicht, um uns herunterzuziehen,
sondern um die Stärke in uns herauszufordern."

TAG 12

Der „frühe Vogel" schenkt Freude

Die Wettervorhersagen versprechen einen sonnigen Tag. In diesem Urlaub bin ich besonders gesegnet, der Regen bleibt aus und auch wenn sich der Himmel verdunkelt, ist die Sonne ja bekanntlich doch noch da.

Schon früh möchte ich diesen Tag begrüßen. Im Bett hält mich nichts mehr und so gehe ich schon „vor dem eigentlichen Aufstehen" an den Strand. Es ist noch alles still, selbst die Möwen sind noch nicht erwacht.

Auch das sonst so brausende Meer ist am heutigen Morgen auffallend still und ohne Wellengang. Die Zeit scheint stillzustehen. Dankbar für die Schönheit der Schöpfung setze ich mich auf einen Pfahl, der bei

Ebbe aus dem Wasser ragt. Mein Herz erfreut sich an diesem neuen geschenkten Tag mit all der Schönheit eines frühen Morgens.

Die Ruhe wird Teil von mir, die letzten Tage haben mir Erholung geschenkt. Mein Blick geht über den noch leeren Strand, die Dünen und den weichen Sand. Die Möwen sind noch nicht aktiv, verweilen noch weit draußen im Meer. In der Ferne sind die Umrisse eines Schiffes zu sehen, am Strand einige andere Urlaubsgäste.

Ich wünsche ihnen ebenso diese Zeiten der Stille und dass auch sie diese wunderbaren Momente der Schöpfung dankbar im Herzen aufnehmen können. Denn Dankbarkeit und Zufriedenheit sind der Nährboden für gute Gedanken, sie sind wertvolle, treue Lebensbegleiter. Sie machen nie Urlaub, sondern wollen uns stets begleiten. Doch dafür müssen wir auf sie achtgeben – und das kann in unserer freien Zeit besonders gut gelingen.

Wenn die Dankbarkeit in mir Raum gefunden hat und mein Herz erfüllt, sehe ich meinen Alltag, meine Begegnungen und Herausforderungen mit anderen Augen. Ich empfinde Frieden und Veränderung in meinem Handeln.

BIN ICH AUCH EIN FRÜHAUFSTEHER?
WAS MÖCHTE ICH IN DER FRÜHE DES MORGENS ENTDECKEN?

TAG 13

Powernap

Ich fühle mich erholt und entschleunigt nach diesen ersten erlebnisreichen Tagen. Aufs Neue richte ich mich an meinem Strandplätzchen ein und setze mich zufrieden nieder, offen für das, was mir begegnen soll.

Heute treffe ich mich selbst, denn schon nach kurzer Zeit und trotz aller Erholung verspüre ich Müdigkeit. Die Augen werden schwer und ich gebe dem Bedürfnis nach einem kleinen Nickerchen gerne Raum.

Ich nehme die Nebengeräusche wahr: lachende Kinderstimmen, ausgelassene Fröhlichkeit, kreischende Möwen. Doch sie sind längst Teil von mir und der monotone Schlag der Wellen in meinem Ohr befördert mich schnell in einen erholsamen Schlaf. Es fühlt sich alles so vertraut und richtig an.

Ich bin versunken in mir und meiner Traumwelt. Ich weiß nicht, wie lange ich abgetaucht bin – mein Gefühl von Zeit und Raum habe ich verloren.

Nur langsam kehre ich wieder zurück in die Realität und erwache sanft aus meinem „Dornröschenschlaf". Tief und fest habe ich geschlafen und muss mich zunächst einmal orientieren. Total erholt, wie nach einem Tiefschlaf zur Nachtzeit, schaue ich umher.

Anscheinend habe ich meinen Biorhythmus ausgetrickst, denn es geht mir bestens. Ausgeruht und tiefenentspannt kehre ich zurück ins „Leben". Mit neuer Kraft verlasse ich heute meinen Strandplatz, der mir so wunderbar als Schlafstätte diente. Der Schlaf war stärker als meine Freude und Neugierde am Strand und tat sooo gut.

Foto meines Lieblingsorts
für ein kleines Schläfchen

HEUTE SCHON GENAPT, GETRÄUMT UND ERHOLT?

„Wie gut, dass Gott über der Zeit wacht,
ihm entgeht nicht eine Sekunde,
die er nicht so bestimmt hätte."

TAG 14

Badewannenwetter

Heute ist es extrem heiß, eine sengende Hitze liegt über dem Land und der Strand ist voll von Badehungrigen, die die Abkühlung im Meer suchen. Jeder Platz am Strand ist belegt. Ich suche meinen Stammplatz auf – er ist zum Glück noch frei.

Mein Blick schweift umher, heute ist es irgendwie anders. Obwohl viele kleine und große Strandbesucher sich eingefunden haben, ist es dennoch auffallend ruhig. Die Kinder sind eher still und manche von ihnen lassen sich im Sand verbuddeln, um sich vor der Sonne zu schützen. Viele der Erwachsenen lesen ein Buch oder dösen einfach vor sich hin, jegliche Anstrengung ist mühsam. Das sonst so belebte Volleyballfeld ist heute verwaist und auch die Bewegungen im Badewannenmeer werden langsam ausgeführt.

Wie ein brennender Feuerball steht die Sonne hoch oben am Himmel, die Wolken sind geflüchtet. Das sonst so gewaltige Rauschen ist verstummt, das Meer liegt still vor mir. In jeder Badewanne ist mehr Seegang. Der Wind gleicht einem Hauch und sogar die sonst so aktiven und hungrigen Möwen verschmähen die Essensreste. Auch der Eisverkäufer findet wenig Beachtung. Die kühlende Köstlichkeit schmilzt schneller in der Hand, als dass sie den Weg in den Mund findet.

Jedes Wort, jede Bewegung scheint zu viel und so sitzt jeder Strandbesucher stumm und sonnengeschützt an seinem Platz. Die Natur zwingt regelrecht zum Abhängen und Ausruhen, Stille ist auferlegt.

Im Lebensalltag gibt es ebenso Situationen, die Ruhe und Auszeit fordern. Wir sind oft getrieben, wie fremdgesteuert und der gesunde und nötige Abstand wird in Hektik und Stress nur allzu gerne übersehen. Ich stelle immer wieder in meinem Alltag fest, dass ich lernen muss, achtsam zu leben und mit meinen Kräften gut umzugehen. Es ist mir wichtig zu erkennen, wenn es innerlich und äußerlich zu „heiß" wird. Zeiten der Ruhe zuzulassen – das ist manchmal leichter gesagt als getan. Doch ich spüre, je öfter ich mich darauf einlasse, wie wohltuend und förderlich es sein kann.

Eine kurze Auszeit im Garten, einen Blick in den Himmel – und meine Ausrichtung und Gedankenwelt ändern sich. Es gibt so viel mehr zu entdecken, meine Belastungen werden leichter. Auch ein Spaziergang ist für mich Erholung und belebt meine Gedanken und Sinne derart, dass ich mit neuer Energie in den Alltag zurückkehre.

Der heutige Tag hat seinen eigenen Rhythmus und jeder fügt sich bereitwillig. Diese Stille möchte ich mitnehmen – hinein in meinen kommenden Alltag, wenn die Tage mich wieder fordern und es heiß hergeht. Manchmal ist weniger mehr, auch wenn ich es mir nicht eingestehen will. In der Stille zu Gott und zu mir kann ich meine Gedanken sortieren. Dann erhalte ich die Kraft, die mir die nötige Abkühlung verschafft.

WELCHE RUHEPHASEN PLANE ICH KÜNFTIG EIN? WIE GESTALTE ICH MEINE PERSÖNLICHE STILLE ZEIT?

....

....

....

....

....

....

AN WELCHEN STELLEN MÖCHTE ICH DEMNÄCHST ACHTSAMER MIT MIR UMGEHEN?

....

....

....

....

....

....

....

*„Lernen wir behutsam und sorgsam
mit unserer Zeit umzugehen,
sie wurde uns anvertraut."*

TAG 15

Ruhe selbst im Sturm

Das Wetter hat sich gravierend verändert, wie schnell das doch alles gehen kann. Ich nehme es gelassen, mein Urlaub neigt sich langsam, aber sicher dem Ende zu. Ob das Wetter diese Veränderung auch spürt?

Es ist stürmisch heute, starke Windböen sind angesagt. An einen Strandaufenthalt ist nicht zu denken, lediglich ein Spaziergang ist möglich. Die Sonne scheint und bringt ein herrliches Lichtspiel in diese turbulente Strandszene. Dieser ist verlassen, nur wenige haben sich nach draußen verirrt.

In sicherem Abstand zum tosenden Meer und gut verpackt gegen die vielen aufgewirbelten Sandkörner beginne ich meinen Sturmgang. Mein Blick hängt an den meterhohen Wellen, die donnernd heranrollen und sich am Strand brechen. Welch ein Gegensatz zum Vortag!

Die Gischt schäumt mächtig und fegt wie eine Schneeflockenherde über den nassen Sand. Wie gut, dass ich meine Sonnenbrille trage, sie schützt meine Augen vor dem Sand, den ich Stunden später noch im Mund schmecke. Peeling für Haut und Zähne. Ich fühle mich wie in einem Wüstensandsturm, nur mit reichlich Wasser um mich herum.

Das Meer tobt und wirbelt kraftvoll die Wassermassen umher. Fast zornig donnern die Wellen dem Strandufer entgegen. Ein eindrückliches Naturschauspiel darf ich heute erleben, das Meer demonstriert seine Stärke.

In mir kommt die Frage auf: Welche Winde oder Stürme bedrohen mein Leben und bringen mich ins Wanken? Das stetige Treiben, die täglichen Anforderungen, die langsam überhandnehmen? Die Sorgen und Lasten – meine und die dieser Welt – brechen oft mit aller Kraft in meinen Alltag. Das Leben gleicht einem wütenden Sturm und einem lauten Meer.

In Gedanken versunken entdecke ich ein paar Möwen. Einige von ihnen lassen sich nicht einschüchtern, fliegen mutig ganz nah an die mächtigen Wellen heran, als wollten sie ihnen den Kampf ansagen. Sie suchen regelrecht das Abenteuer, die Herausforderung. Das Meer hält ihren Tatendrang nicht auf – im Gegenteil, sie fühlen sich wohl in dessen Nähe. Sie passen sich dem Wellenschlag an und manchmal schwimmen sie sekundenlang auf den Wassermassen.

Ich beobachte aber auch andere Artgenossen, die sich lieber in sicherem Abstand und in Strandnähe aufhalten. Sie drehen ihre Flugrunden und ich sehe, wie sie ihre Flügel weit aufspannen und sich einfach vom Sturm treiben lassen. Ihr Körpergewicht kann diesem kräftigen Wind nichts entgegenhalten und so überlassen sie der Natur die Führung.

Ein Gefühl von Freiheit, aber auch Vertrauen verspüre ich bei diesem Anblick.

Gelassenheit selbst in stürmischen Zeiten.

Ja, das wünsche ich mir auch. Einfach meine Arme weit ausstrecken, treiben lassen und doch Halt verspüren. Ich denke an die biblische Begebenheit der Sturmstillung.

„Mitten auf dem See brach plötzlich
ein gewaltiger Sturm los, so dass die Wellen
über dem Boot zusammenschlugen.
Aber Jesus schlief.
Da liefen die Jünger zu ihm,
weckten ihn auf und riefen:
‚Herr, hilf uns, wir gehen unter!'
Jesus antwortete ihnen: ‚Warum habt ihr Angst?
Vertraut ihr mir so wenig?'
Dann stand er auf und befahl dem Wind und den
Wellen, sich zu legen. Sofort hörte der Sturm auf,
und es wurde ganz still."
Matthäus 8,24-26

Die Jünger bangten damals um ihr Leben, sie waren in großer Sorge und Not. Diese Machtlosigkeit im Angesicht der Naturgewalt, die ihre Stärke und Übermacht demonstriert, kann ich heute gut verstehen.

Doch Jesus ist der Herr selbst über Sturm und Wellen – auch heute noch! Damals sprach er nur ein Wort und alles war vorbei – Stille.

Wenn die Schöpfung ihm aufs Wort hört, will auch ich mich ihm wieder neu anvertrauen. Wenn meine Lebensstürme über mich hereinbrechen, mich bedrohen an Leib und Seele, will Gott auch meine Not stillen. Er ist größer als alle Winde, die mein Lebensboot ins Schwanken bringen. Ich darf wie die Möwen meine Arme zum Himmel ausstrecken und mich von ihm treiben und leiten lassen. Er führt mich durch meine Lebensstürme hindurch.

Mit diesen Gedanken verlasse ich den Strand und fühle mich gestärkt für meinen Lebensalltag. Gott ist bei mir in allen Lebenslagen und Wogen. Aus der Ferne kann ich noch das mächtige Rauschen des Meeres hören, als wolle es mir Mut zurufen.

Und wenn das Leben wieder einmal laut und ungestüm um mich herum wütet, dann will ich an diesen Tag denken. Ich will den Stürmen von meinem großen Gott erzählen, der mich trägt und mit einem Machtwort Ruhe einkehren lässt.

Bis dahin strecke ich meine Hände zum Gebet in den Himmel und lasse mich treiben, ich vertraue der Kraft meines Herrn.

WELCHE GEDANKEN BEWEGEN DEIN HERZ?
SPRICH MIT GOTT DARÜBER UND SCHREIBE ES HIER NIEDER.

TAG 16

Wegweiser

Welchen Strandweg nehme ich mir heute vor? Bleibe ich am Wasser oder suche ich mir einen Weg durch die Dünen?

Im Urlaub nehme ich mir Zeit für mich, halte inne, betrachte Vergangenes und richte meine Gedanken auf Künftiges, bin neugierig und offen für das, was das Leben mir schenken möchte. Doch manchmal zögere ich und möchte viel lieber an meinen Gewohnheiten festhalten und das tun, was mir bekannt ist. Kann und will ich mich überhaupt verändern und neue Wege einschlagen?

Bei vielem, was neu entdeckt werden will, verlässt mich der Mut und ich spüre zunächst Unbehagen. Meine Erfahrungswerte sind gleich null und doch erkenne ich deutlich, dass eine Neuausrichtung an der Zeit ist.

Momentan fühle ich, dass Veränderung und Umdenken angesagt ist, auch wenn ich lieber an „altbewährten" Mustern und vertrauten Umständen festhalten möchte. Es gilt, vertraute Wege zu verlassen und neue Pfade mutig zu gehen.

Bei mir persönlich bedarf es einer Neuausrichtung. Ich brauche eine konkrete Rollenveränderung und versuche, mich wieder „neu" zu finden. Die Kinder gehen ihre eigenen Lebenswege. Ich bleibe „verwaist" zurück und versuche verzweifelt, mein Gefühlschaos zwischen „Loslassen" und neu gewonnener Freiheit zu finden. Auch wenn mir mein Kopf längst signalisiert: „Es ist Zeit für Veränderung und Umorientierung", bremst mich das Herz immer wieder aus. Ich kenne den Text meiner künftigen Rolle noch nicht, wie selbstverständlich war meine bisherige Bestimmung.

Da ist eine gewisse Neugierde auf mögliche Veränderungen, doch gleichzeitig klopfen Selbstzweifel leise, aber stetig in meinem Herzen an. Das altbekannte Lied von Paul Gerhardt begleitet mich: „Er wird auch Wege finden, da Dein Fuß gehen kann", und trifft mitten in mein ruheloses Herz. Die Strophen berühren mich und ich erkenne, dass über meinem Suchen, meiner Unsicherheit einer ist, der meine Wege lenkt.

Mir wird deutlich, dass ich nicht suchen muss, sondern dass Gott persönlich einen Weg für mich findet bzw. längst gefunden hat. Er nimmt mir diese Aufgabe ab, kennt meine Wegstrecke bestens und hat sie für gut empfunden.

Auch wenn ich immer noch nicht die konkrete Richtung kenne, so sind diese Worte Balsam für meine Seele. Zu sehr war ich mit mir beschäftigt, dass ich den Blick auf meinen Schöpfer und Wegbereiter aus den Augen verloren habe. Ich werde ruhig, denn diese Gewissheit gibt mir den Mut und die Zuversicht, neue Schritte zu wagen. Gott höchstpersönlich achtet auf mich, dass mein Fuß nicht gleitet und ich sicheren Weges unterwegs sein kann. Die Entspannung und Eindrücke dieser Urlaubszeit lassen mich neue Kraft schöpfen, ja, sie schenken mir auch die Kraft einer möglichen Veränderung und Neuausrichtung.

„Der Herr wird nicht zulassen, dass du fällst; er,
dein Beschützer, schläft nicht.
Psalm 121,3

HABE ICH MEINEN WEG GEFUNDEN ODER NEHME ICH LIEBER EINEN UMWEG?

Befiehl du deine Wege

Befiehl du deine Wege
und was dein Herze kränkt
der allertreusten Pflege
des, der den Himmel lenkt.
Der Wolken Luft und Winden
gibt Wege, Lauf und Bahn,
der wird auch Wege finden,
da dein Fuß gehen kann.

Dem Herren musst du trauen,
wenn dir's soll wohlergehn;
auf sein Werk musst du schauen,
wenn dein Werk soll bestehn.
Mit Sorgen und mit Grämen
und mit selbsteigner Pein
lässt Gott sich gar nichts nehmen:
Es muss erbeten sein.

Weg hast du allerwegen,
an Mitteln fehlt dir's nicht;
dein Tun ist lauter Segen,
dein Gang ist lauter Licht.
Dein Werk kann niemand hindern,
dein Arbeit darf nicht ruhn,
wenn du, was deinen Kindern
ersprießlich ist, willst tun.

Auf, auf, gib deinem Schmerze
und Sorgen Gute Nacht!
Lass fahren, was das Herze
betrübt und traurig macht;
bist du doch nicht Regente,
der alles führen soll:
Gott sitzt im Regimente
und führet alles wohl.

Ihn, ihn lass tun und walten!
Er ist ein weiser Fürst
und wird sich so verhalten,
dass du dich wundern wirst,
wenn er, wie ihm gebühret,
mit wunderbarem Rat
das Werk hinausgeführet,
das dich bekümmert hat.

Paul Gerhardt

TAG 17

Abschied vom Meer und meinem Strandplatz

Meine Strandzeit geht heute zu Ende. Wehmütig nehme ich Abschied von diesen unbeschwerten und wunderschönen Stunden am Meer. Viele wertvolle Eindrücke habe ich im Gepäck, es war eine besondere Zeit.

Ich habe die Sonne, den Sturm, die Wellen und das Wolkenspiel genossen und in meinem Herzen gespeichert. Heute möchte ich Abschied nehmen und habe das Gefühl, dass das Meer auf seine Weise Adieu sagen will. Die Sonne scheint und die Wellen kommen – schon weither sichtbar – auf den Strand zugerollt. Mit mächtigem Tosen brechen sie und die schäumende Gischt ist Ausdruck dieser Kraft. Das Rauschen des Meeres ist so stark und würdevoll.

Wenn der Alltag mich wieder einholt, laut und voll wird, dann will ich an dieses mächtige Geräusch denken. Es ist so viel stärker als der Lärm des Tages, sein Echo erdet mich. An trüben Tagen denke ich an die strahlende Sonne, das Glitzern des Meeres und das leuchtende Farbenspiel am Horizont.

Vom Strand muss ich heute Abschied nehmen, aber der Schöpfer von Himmel, Erde, Meer, Sonne und Wolken bleibt bei mir.

Er begleitet mich an allen Tagen, ist mir stets nah, sodass ich freudig den frohen Zeiten, aber auch mutig den fordernden und weniger schönen Tagen begegnen kann. Diese Zuversicht schenkt mir Kraft und Hoffnung, meinen Alltag zu bestreiten.

Ich komme wieder – so Gott will – und bis dahin trage ich diese Strandzeit im Herzen. Ein letztes Mal gehe ich zu meinem Strandplatz – und siehe da, auch die Möwen haben sich bereits verabschiedet. Rund um mein „Strandplätzchen" haben sie ihre Abdrücke hinterlassen, viele sind gekommen. Nun wird es Zeit zu gehen.

Doch ich drehe mich noch einmal um; ein letzter Blick. Das Meer verabschiedet sich mit einem kräftigen Wellenschlag. Als könnte es meine Stimmung erahnen, flüstert es mir noch liebevolle Worte zu:

*„Geh mutig deinen Weg,
ich bleibe hier und warte auf dich.
Und wenn wir uns wieder begegnen,
begrüße ich dich ebenso laut.
Mit Freude und Übermut heiße ich dich
dann willkommen.
Aber um wiederzukommen,
musst du zunächst einmal gehen.
Es ist an der Zeit.
Ich bleibe und du gehst.
Wenn du wiederkommst,
erzählen wir uns wieder unsere Geschichten.
Ich vom Meer und du vom Leben."*

Mit einem Lächeln auf meinem Gesicht und einer Träne im Herzen, aber voller Vorfreude auf meine nächste Strandzeit trete ich freudig den Heimweg an.

Der nächste Sommer kommt gewiss, das Meer wartet auf mich – und Gott ist eh schon da.

**WELCHE EINDRÜCKE UND GEDANKEN NEHME ICH MIT AUS MEINEN STRANDTAGEN?
WANN MÖCHTE ICH WIEDERKOMMEN?**

„Wir können die Zeit nicht aufhalten,
aber wir können sie füllen mit dem Kostbarsten,
was uns geschenkt wurde: dem Leben.
Schenke der Zeit deine Zeit!"

MEERZEIT

Strandbeutel häkeln

Mit diesem schönen Strandbeutel wird die Fantasie von Groß und Klein angeregt – mit nur wenigen Häkel-Vorkenntnissen stellt man in ein paar Arbeitsschritten seinen eigenen Strandbeutel her, den man mit allerlei Strandschätzen füllen kann.

Material
Baumwollgarn 2,5 mm
Häkelnadel 2,5 mm

Erklärung/Abkürzungen
LM: Luftmasche
Stb: Stäbchen
Kettmasche: mit der Häkelnadel in die Masche einstechen, Faden holen und durchziehen.
Kettmaschen beenden auch immer eine Runde!

Anleitung

1.) 5 LM häkeln, dann in die erste gehäkelte LM einstechen, Faden durchziehen und mit einer Kettmasche die 5 LM zu einem Ring schließen.

Jetzt 15 Stb in den Ring arbeiten. Die Reihe wieder mit einer Kettmasche abschließen.

2.) 4 LM zwischen das 1. u. 2. Stb einstechen, dann eine Kettmasche häkeln – das 1. Loch im Netz ist fertig.

3.) Nun werden 4 LM zwischen die nächsten Stb eingestochen und mit einer Kettmasche abgeschlossen.

4.) Vorgehensweise von Schritt 3 immer wiederholen bis zur gewünschten Höhe des Netzbeutels.

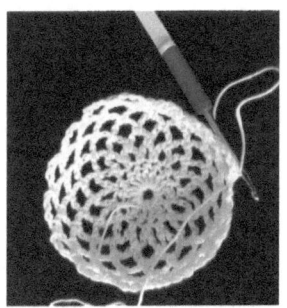

Nun fehlt noch ein Trageriemen für den Beutel. Dieser entsteht aus einer gedrehten Kordel.

Trageriemen des Beutels – Kordel drehen

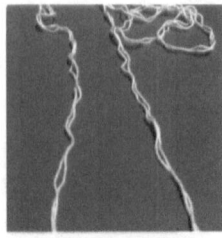

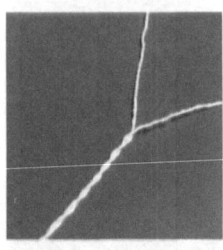

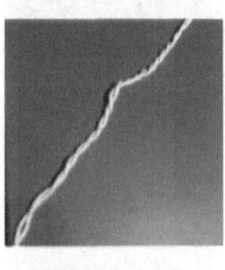

1.) Für 40 cm Kordel benötigt man 2 m Wollfaden. Den Faden doppelt legen.

2.) Zwei Personen nehmen jeweils ein Ende in die Hand und drehen nun, entgegengesetzt zum Partner, die Wolle. Je länger gedreht wird, umso fester und schöner wird die Kordel.

3.) Anschließend fasst man beide Enden zusammen und ein Kordelmuster entsteht (siehe Bild). Die Kordelenden werden fest mit einem Knoten versehen.

Nun kann die Kordel durch die letzte Luftmaschenreihe des Strandbeutels durchgezogen werden. Anstelle einer Kordel kann auch ein beliebiges Band genutzt werden, um den Beutel zu verschließen.

Aus einem Strandbeutel wird ein Windlicht

Mit nur einem weiteren Schritt wird aus dem gehäkelten Strandbeutel ein schönes Windlicht.

Verwende dafür die Häkelanleitung für den Strandbeutel. Ziehe dann den Strandbeutel über ein Glas und verziere das Windlicht mit einem Muschelband. Dieses schöne Windlicht kann im Stehen oder Hängen verwendet werden und erleuchtet so manchen lauen Sommerabend.

Empfehlung
Verwende eine batteriebetriebene Lichterkette statt einer echten Kerze.

Strandtasche häkeln

Wer neben dem Strandbeutel vielleicht lieber eine Strandtasche herstellen möchte, findet hier eine Anleitung. Mit ein bisschen Geschick ist die Tasche in kurzer Zeit fertiggestellt und bietet Platz für Handtuch, Strandbuch, Getränke & Co.

Auch nach dem Urlaub kann sie ein guter Begleiter im Alltag sein.

Material
Wolldicke 5–6 mm
Häkelnadel 5 mm

Erklärung/Abkürzungen
LM: Luftmasche
Stb: Stäbchen

Anleitung
1.) 25 LM häkeln und dann 1 Stb (3 LM ergeben 1 Stb) in die 22 LM stechen. Am Ende befinden sich nun 22 Stb auf der Luftmaschenkette. In jede LM 1 Stb häkeln.

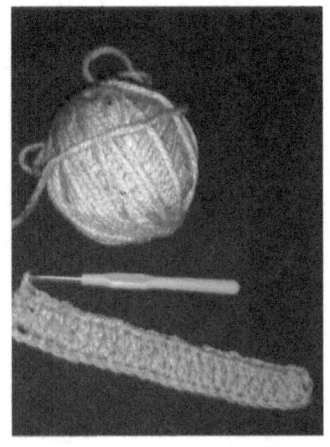

2.) Für die Rundung nochmals 5 Stb in die letzte LM einstechen und die Arbeit, ohne zu wenden, weiterführen. Entlang der Maschenkette bis zum anderen Ende weitere Stb in die LM häkeln und dort wieder 5 Stb in eine Masche häkeln. Nun entsteht bereits die Rundung des Bodens.

3.) In der 2. Reihe immer die Stb fortlaufend häkeln – siehe Schritt 2.

4.) In der 3. Reihe kann man schon die Form der Tasche erkennen.
Die Reihen mit Stb weiter bis zur gewünschten Taschengröße häkeln.

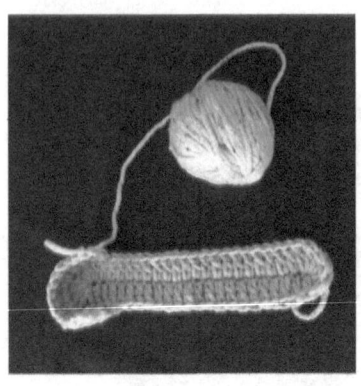

Trageriemen

1.) Die Trageriemen werden beliebig am Ende des Taschenrandes angehäkelt. Mit 3 LM beginnen, sie sind der Ersatz für das erste Stäbchen. Nun 3 weitere Stb in den bestehenden Taschenrand häkeln. Am Ende wieder 3 LM häkeln und dann wenden.

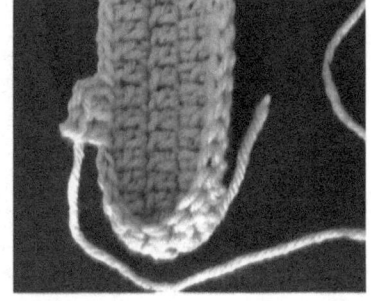

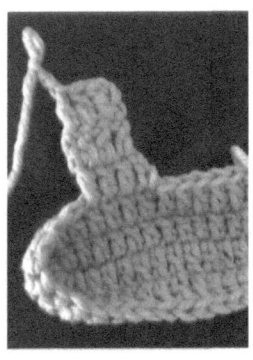

2.) Immer so fortfahren bis zur gewünschten Länge des Trageriemens.

Accessoire Rosette

Nun kann die Strandtasche noch mit einer Rosette verziert werden.
Die Anleitung des Strandbeutels und der Rosette sind im 1. Schritt identisch.

1.) 5 LM häkeln, dann in die erste gehäkelte LM einstechen, Faden durchziehen und mit einer Kettmasche die 5 LM zu einem Ring schließen. Jetzt 15 Stb in den Ring häkeln. Die Reihe wieder mit einer Kettmasche abschließen.

2.) Der Zackenrand besteht aus 3 LM. Diese LM in jedes weitere Stb einstechen und mit einer Kettmasche beenden.

3.) Je nach Wunsch kann eine Perle oder auch ein Schmuckknopf zur Verzierung aufgenäht werden.

Fertig!

Häkelanleitungen: Christel Happel

Dekomöglichkeiten / Strandtisch

Fundstücke vom Strand – dekoriert fürs Auge und die Erinnerungen

Ein gedeckter Tisch mit Schätzen vom Strand und selbst hergestellten Utensilien versetzt sogleich in Urlaubsstimmung.

STRANDSPIELE

Der Strand lädt zum Spielen ein und bietet viele Möglichkeiten. Alle Spiele können mit den Schätzen des Strandes ausgeführt werden. Es ist von allem genug da.

Schätze sammeln

Jeder geht auf die Suche nach möglichem Strandgut. Der Strandbeutel (siehe Häkelanleitung, S. 91) als Begleiter nimmt alle Utensilien auf.

Nach einer vereinbarten Zeit (Vorschlag: fünf Minuten) finden sich alle Teilnehmer wieder am Strandplatz ein und legen ihre Fundstücke in die Mitte. Nun versucht man gemeinsam eine Geschichte zu erzählen, in denen die Strandgüter einen Platz finden.

Ich packe meinen Strandbeutel

Ähnlich wie beim „Schätzesammeln" geht jeder auf die Suche nach Strandgegenständen.

Alle Fundstücke werden zusammengetragen, begutachtet und eingeprägt.

Nun beginnt der jüngste Mitspieler mit den Worten: „Ich packe meinen Strandbeutel und stecke hinein …" Der genannte Gegenstand verschwindet im Beutel.

Der nächste Spieler nimmt wieder eine Fundsache, beginnt mit den Worten des Vorgängers und wiederholt zunächst dessen Gegenstand und nennt dann seine Wahl. Dabei steckt er diesen ebenfalls in den Beutel.

So geht es weiter in der Runde. Jeder Mitspieler fügt je einen Gegenstand am Ende der Aufzählung hinzu.

Das Spiel endet, wenn alle Fundstücke im Beutel verschwunden sind. Wer sich die Reihenfolge der Gegenstände nicht merken kann, scheidet aus. Gewonnen hat derjenige, der übrig bleibt und sich die meisten Dinge im Strandbeutel merken konnte.

Muschelwurf-Plumpsack

Dieses Spiel funktioniert nur mit mindestens fünf Teilnehmern.

Alle Mitspieler bilden einen großen Kreis. Einer bekommt eine Muschel in die Hand und läuft außen um den Kreis herum. Dabei lässt er heimlich hinter einem Teilnehmer die Muschel fallen. Auf dem Sandboden passiert dies geräuschlos.

Jeder dreht sich um und schaut nach, ob die Muschel hinter den eigenen Platz gefallen ist. Sollte dies der Fall sein, hebt er schnell die Muschel auf und rennt hinter dem Werfer her. Wenn er diesen einholt, muss sich dieser in die Mitte des Kreises setzen und dort so lange ausharren, bis ein anderer auf diese Weise gefangen wird.

Ein spannendes und bewegungsreiches Spiel.

Strandmaler

Dieses Spiel funktioniert am besten mit mindestens vier Teilnehmern.

Einer wird als Strandmaler ausgewählt. Diesem werden nun von einem anderen Mitspieler Begriffe zugeflüstert, die er erkennbar in den Sand zu malen hat. Die übrigen Teilnehmer müssen nun anhand der Zeichnung den gesuchten Begriff erraten.

Der Teilnehmer, der den Begriff errät, bekommt eine Muschel.

Jeder muss im Laufe des Spiels mal Zeichner und mal Zuflüsterer sein. Das Spiel kann beliebig lang gespielt werden.

Wer am Ende die meisten Muscheln hat, gewinnt.

Tipp: Im nassen Sand, aber sicheren Abstand zum Meer lässt sich am besten zeichnen.

Mit Schwertmuscheln basteln und Muschelketten herstellen

Schwertmuscheln können als Tisch- und Platzkartenhalter und als Fotoständer dienen oder zur Dekoration von Windlichtern einen Sommerabend verschönern. Auch Einladungskarten für diverse Festlichkeiten können ihren Platz in der Schwertmuschel finden.

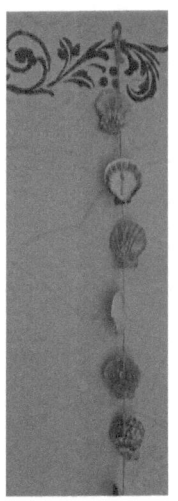

STRANDSPIEL-VARIATIONEN FÜR KINDERGARTENKINDER

Schätze sammeln

Alle Fundsachen werden genau betrachtet und dann unter eine Decke gelegt. Die Mitspieler schauen aufs Meer oder schließen die Augen. Währenddessen nimmt ein älteres Kind oder ein Erwachsener einen Gegenstand heraus. Die Decke wird nun gehoben und die Mitspieler dürfen raten: „Welcher Schatz fehlt?"

Hüpfhäuschen im Sand

Dieses Spiel wird am besten im nassen Sand nahe am Ufer und in sicherem Abstand zum Meer gespielt.

Mit dem Zeigefinger oder einem kleinen Stock wird ein großes Haus in den Sand gezeichnet. In das Haus werden Kästchen gemalt, die in aufsteigender Reihenfolge Muscheln enthalten.

Nun muss jeder ein Kästchen nach dem anderen mit einem Bein „abhüpfen", ohne das andere Bein aufzusetzen. Für wen das zu schwer ist, der kann natürlich auch zwei Beine benutzen. Wer am weitesten hüpfen kann, gewinnt.

Man kann mehrere Durchgänge starten und die erreichten Muscheln gemeinsam durchzählen.

Muschelfangen

Zuerst wird ein Joghurtbecher gesäubert und die Bodenmitte mit einer kleinen Öffnung (mithilfe eines Erwachsenen) versehen, sodass eine Kordel hindurchpasst. Dann wird eine Kordel (siehe S. 94) durch das Loch im Becher gezogen und mit einem Knoten verschlossen. An das andere Ende der Kordel wird eine Muschel geknotet.

Nun versuchen die Mitspieler durch Wurf-/Schleuderbewegungen, die Muschel mit dem Becher zu fangen.

Hinweis
Die Länge der Kordel bestimmt den Schwierigkeitsgrad des Fangens!

Spielanleitungen: Irmgard Marlene Block, Erzieherin

Zur Sicherheit des Kindes darauf achten, dass es die Fundstücke und Spielgegenstände nicht in den Mund nimmt!

mein liebstes Strandspiel-Foto

SOMMERREZEPTE

Im Urlaub schmeckt das Essen besonders gut!

Hier findest du einige Rezepte, die du dir aus dem Urlaub nach Hause mitnehmen, nachkochen und beibehalten kannst.

Eine schmackhafte Erinnerung, die beliebig angerichtet und erweitert werden kann.

Tortellini-Auflauf mit Mozzarella

Dieses Rezept kann anstelle der Tortellini beliebig mit Hackfleisch oder Nudeln zubereitet werden.

Zutaten
1 Packung Tortellini-Nudeln mit Spinatfüllung
1 Zwiebel

1 Stange Lauch
4 Tomaten
1 Dose Tomaten in Stücke gehackt
1 Becher Sahne
1 Becher Crème fraîche
1 Packung Mozzarellakäse
Basilikum, Pfeffer, italienische Kräuter

Zubereitung

Die Tortellini-Nudeln nach Packungsanleitung in kochendem Wasser und etwas Öl und Gemüsebrühe kochen. Abschütten und erkalten lassen.

Zwiebel und Lauch schälen und in Scheiben schneiden. Öl in einer Pfanne erhitzen und die Zwiebel- und Lauchringe darin andünsten. Die zerkleinerten Tomaten sowie eine Dose Tomaten hinzufügen und 5 Minuten köcheln lassen. Mit Sahne und Crème fraîche auffüllen und nach Belieben würzen, gewaschene Basilikumblätter hinzugeben und nochmals 5 Minuten aufkochen, bis eine cremige Masse entsteht.

Eine Auflaufform fetten und die gekochten Tortellini einfüllen. Anschließend die Gemüsemasse aus der Pfanne darüber verteilen. Zum Abschluss den Mozzarellakäse in Scheiben schneiden und über dem Auflauf verteilen.

Backzeit

20 Minuten bei 180 Grad Umluft

Mediterraner Auflauf mit Zucchini und Hirtenkäse

Zutaten
1 Packung Rigatoni-Nudeln
2 Scheiben gekochten Schinken (wer es deftiger mag, kann auch geräucherte Bauchwürfel/Dörrfleisch nehmen)
1 Zwiebel
2 Zucchini
1 kleine rote Paprika
1 kleine gelbe Paprika
2 große Tomaten
Eine Handvoll Cherrytomaten
2 Gläser eingelegten Hirtenkäse
1 Becher Crème fraîche
1 Becher Sahne
Pfeffer, italienische Kräuter

Zubereitung
Die Rigatoni nach Packungsanleitung in kochendem Wasser und etwas Öl kochen. Abschütten und erkalten lassen.

Zwiebel, Zucchinis, Paprika und die großen Tomaten in Würfel schneiden. Zuerst Zwiebeln und Paprika in der Pfanne andünsten, nach 2 Minuten die Zucchinis und Tomaten dazugeben und ebenfalls andünsten. Diese Masse mit dem Hirtenkäse aus dem ersten Glas samt Inhalt ablöschen und würzen, 5 Minuten köcheln lassen. Crème fraîche und Sahne einrühren, bis eine sämige Masse entsteht.

Eine Auflaufform fetten und die gekochten Rigatoni einfüllen. Anschließend das Pfannengemüse über die Nudeln verteilen und mischen. Cherrytomaten halbieren und zum Abschluss zusammen mit den Hirtenkäsewürfeln (ohne Flüssigkeit) aus dem zweiten Glas über die Rigatoni-Gemüse-Masse geben.

Backzeit
20 Minuten bei 180 Grad Umluft

Griechischer Reisnudelsalat

Zutaten
1 Packung griechische Reisnudeln
1 rote Paprika
1 gelbe Paprika
1 Packung Hirtenkäsewürfel gewürzt
Gewürzmischung „griechische Kräuter", Pfeffer, Rosenpaprika scharf, Olivenöl

Zubereitung
Griechische Reisnudeln nach Packungsanleitung in kochendem Wasser mit etwas Olivenöl kochen. Abschütten und erkalten lassen.

Paprika in Würfel schneiden und unter die abgekühlten Reisnudeln mischen. Etwas Olivenöl dazugeben und würzen. Zum Abschluss die Hirtenkäsewürfel unter den Salat mengen. Je nach Belieben kann der griechische Salat noch mit Oliven bestückt werden.

ERFRISCHENDE ALKOHOLFREIE COCKTAILS FÜR SOMMERTAGE

Alkoholfreie, eisgekühlte Cocktails erfrischen an so manchem Sommertag.

Solltest du bei den folgenden Rezepten manche Gläser oder das ein oder andere Equipment nicht zur Hand haben, improvisiere einfach mit dem, was du hast. Die Getränke werden sicher genauso gut erfrischen!

Minz-Limo

Minzeblätter waschen und mit kochendem Wasser übergießen, anschließend 10 Minuten ziehen lassen. Nun den Sud mit Zucker und Zitrone (je nach gewünschter Süße) mischen und kalt stellen. Mit Eiswürfeln bestücken und in ein Glas füllen, mit gewaschenen Minzeblättern dekorieren.

Frozen-Love

Rezeptur
100 g frische Wassermelone
6 – 8 gefrorene Erdbeeren
2 Blätter frische Minze
3 cl Erdbeer-Sirup
3 cl Limettensaft
Crushed Ice

Glas
Cocktailschale

Benötigtes Equipment
Messbecher, Mixer

Zubereitung
Zur Vorbereitung löst du 100 g Fruchtfleisch aus der Wassermelone, die Schale darf nicht verwendet werden. Die dunklen Kerne der Wassermelone möglichst komplett entfernen. Danach kommen alle Zutaten zusammen mit 2 EL Crushed Ice in den Mixer und werden für ca. 20 Sekunden gemixt. Jetzt bitte die Konsistenz dieser Masse überprüfen: Sie sollte eine Mischung aus flüssig und breiartig sein, damit man den Cocktail später gut trinken kann. Ist dein Cocktail noch etwas zu flüssig – gib einfach noch 1–2 gefrorene Erdbeeren hinzu. Danach füllst du den In-

halt des Mixers direkt in das Glas und fertig ist dein leckerer Frozen Cocktail.

Garnitur
Minzblatt

Icy-Blueberry

Rezeptur
½ frische Banane
50 g frische Heidelbeeren
4 cl Vanille-Sirup
3 cl Limettensaft
Crushed Ice

Glas
Weinglas

Benötigtes Equipment
Messbecher, Mixer

Zubereitung
Zur Vorbereitung wäschst du die Heidelbeeren und schneidest eine halbe Banane in ca. 2 cm große Stücke. Nun füllst du das Weinglas zu ¾ mit Crushed

Ice und gibst diese Menge Crushed Ice sowie alle anderen Zutaten in den Mixer. Für ca. 15 Sekunden mixt du den Inhalt gut durch und schüttest diesen Frozen Cocktail dann direkt in das Weinglas zurück.

Garnitur
Blaubeeren-Spieß

Johannisbeer-Spritz

Rezeptur
20 frische Johannisbeeren
2 cl Holunder-Sirup
1 cl Erdbeer-Sirup
2 cl Limettensaft
Ginger Ale
Crushed Ice

Glas
Highball-Glas

Benötigtes Equipment
Messbecher, Cocktailstößel, Barlöffel

Zubereitung

Als Erstes werden die Johannisbeeren gewaschen, in das Highball-Glas gegeben und mit dem Cocktailstößel zerdrückt. Nun gießt du die restlichen Zutaten ohne das Ginger Ale ebenfalls in das Glas und rührst alles mit dem Barlöffel sorgfältig um. Anschließend Crushed Ice bis zur Oberkante des Glases zufügen und mit Ginger Ale auffüllen. Den gesamten Inhalt nochmals vorsichtig verrühren – dabei bitte darauf achten, von unten nach oben zu rühren.

Garnitur

2 Johannisbeeren-Stängel

Das Gedicht Spuren im Sand: Copyright
© 1964 Margaret Fishback Powers
Übersetzt von Eva-Maria Busch
Copyright © der deutschen Übersetzung
1996 Brunnen Verlag GmbH, Gießen. www.brunnen-verlag.de

Die Cocktails Frozen-Love, Icy-Blueberry und Johannisbeer-Spritz sind aus dem Buch: Sara Thaiphakdi, Natürlich genießen: Alkoholfreie Cocktails. Rezepte und Tipps für die 4 Jahreszeiten. Copyright © 2022 Brunnen Verlag GmbH, Gießen.

Die Bibelstellen sind der Übersetzung Hoffnung für alle® entnommen, Copyright © 1983, 1996, 2002 by Biblica, Inc.®. Verwendet mit freundlicher Genehmigung von Fontis – Brunnen Basel.

© 2024 Brunnen Verlag GmbH, Gießen
Lektorat: Carolin Kotthaus
Umschlaggestaltung: Daniela Sprenger
Umschlagfoto und Fotos im Innenteil: Adobe Stock
Fotos der Deko: Birgit Ortmüller, Irmgard Marlene Block
Fotos der Häkelanleitungen: Christel Happel
Druck: CPI GmbH, Leck
ISBN 978-3-7655-4262-6
www.brunnen-verlag.de